내 마음의
뜨락

책나무 **시인선 217**

내 마음의 뜨락

서하영 시집

그리운 님의 뜨락에 띄우는
아름다운 시를 쓰겠습니다

책나무출판사

시인의 말

나의 시는 어머니였다. 어린 시절, 가장 가까운 혈연이었던 부모님을 한꺼번에 잃은 일로 인하여 나는 오랜 시간을 내가 고아라는 의식에서 벗어나지 못했다. 아마도 나는 시를 쓰면서 비로소 내가 지나온 그 오랜 힘겨운 시간들을 벗어날 수가 있었다고 해도 과언이 아닐 것이다.

내게 어떻게 그 모든 속내를 다 드러내 보이는 시를 썼느냐고 질문하는 사람도 있었다. 그때 나는 그분께 이렇게 말했던 기억이 난다. "내가 죽을 것 같아서였습니다"라고…

벼랑 끝에 서 본 사람은 안다. 살면서 가장 행복한 것은 일상의 소소한 일들이라는 것을, 시는 나에게 아픔이고 행복이었고 나의 모든 것이었다. 첫 시집 『내 마음의 뜨락』으로 묶은 그 시들을 쓰지 않았으면 나는 아마도 내 삶을 버티지 못했을 것이다. 시는 내게 그런 존재였다.

그래서 누군가가 나에게 시가 무엇이냐고 물어보면 나는 주저 없이 "마음을 어루만져 주는 것"이라고 대답한다. 시의 사전적 의미를 떠나서 시는 힘들고 아픈 마음을 어루만져 주는 것이라고 나는 생각한다. 그래서 시 한 편에 울고 웃고 행복해하는 것이다.

꿈 많던 학창 시절, 가장 가까웠던 어머니를 잃었던 슬픔이 오랜 시간 나를 지배해 왔다. 힘든 결핍의 시간이었다. 그러나 그것이 나로 하여금 시를 만나게 하고 시를 쓰게 만들었던 것 같다. 아픔을 토해내고 수없이 많은 눈물을 흘리며 세상에 내보여진 나의 시들이 첫 시집 『내 마음의 뜨락』에 고스란히 담겨 있다. 새내기 시집이라 어설프고 부족한 것이 많았지만, 그 시를 쓰고 나서 나는 행복을 가슴에 담을 수가 있었고 나의 삶과 그리고 나의 시는 더 많이 자유로워졌다.

3년 전부터 대전의 외곽에서 '카페 갤러리 예인'을 운영하게 되었다. 누구든 사람은 자신만의 뜨락을 마음에 담고 살고 있다. 그것이 마음에 있든 현실로 있든 그 뜨락에서 따스한 차 한 잔과 시를 나눌 수 있음으로 하여 그 또한 내가 행복한 이유 중의 하나가 되었다.

커피 한 잔에 시 한 편을 덤으로 가슴에 담아가며 느끼고 울고 웃을 수 있는 마음, 시는 그러면 되는 것이 아닐까? 나는 스스로 생각을 해보게 된다.

『내 마음의 뜨락』 재판을 낸다는 생각을 해 본적이 없었는데 카페에 온 손님들이 나의 첫 시집을 많이 찾고 있고 그 첫 시집에 나의 애틋한 마음도 담겨 있어 12년 만에 미흡했던 부분을 조금 수정하여 재판을 내게 되었다.

가을에는 누구나가 시인이 된다는 말이 있다. 이 가을에 마음이 힘들고 지친 사람들이 시 한 편에 따스한 마음을 느꼈으면 하는 바람을 나의 첫 시집『내 마음의 뜨락』재판에 덧붙여 본다.

2019년 10월

예인 서하영

| 차례 |

1부

내 마음의 뜨락

2부

바람 불어 좋은 날

3부

가슴에 남은 못다 한 말

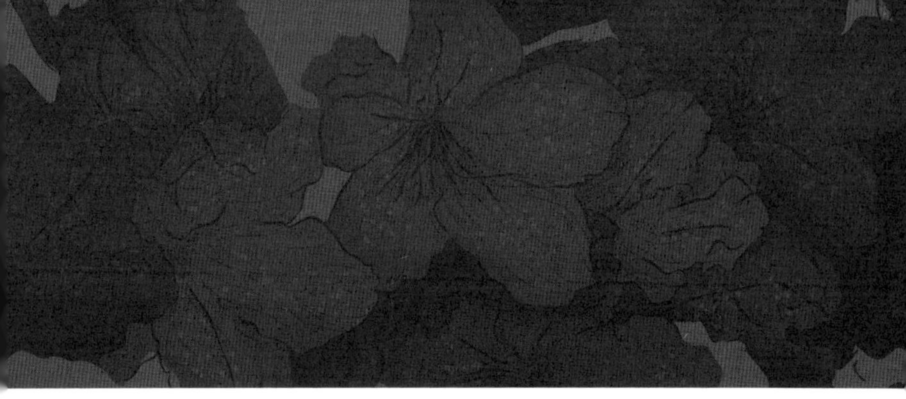

4부

서리꽃

1부

내 마음의 뜨락

내 마음의 뜨락

햇살 한 움큼 담아
소망을 만들어 놓은 곳
내 마음의 뜨락으로
그대 오세요

일렁이는 바람에
그대 삶이 힘들고
애틋한 그리움으로
힘든 짐 내려놓고 싶을 때

달빛 슬픔에
그대 마음 흔들리거나
붉게 물든 석양빛에
아련한 추억들이 아픔으로 다가올 때

그대
언제든지 오세요
소망이 가득한
내 마음의 뜨락으로…

가을이 오면

해 질 녘 붉은 노을
서산 너머로 고운 옷 갈아입고
가을이 성큼 다가올 때면
너에게 정겨운 편지를 쓰고 싶다

하늘에 떠 있는
하얀 구름 편지지 삼아
다정한 너의 모습을 그려보며
청잣빛 고운 편지 한 통을 쓰고 싶다

사랑한다는 말보다
그리웠노라고 써볼까
한번쯤은
만나고 싶다는 말을 써볼까

빨간 단풍잎 하나
내 마음 밭에 날아오는 가을이 오면
그리운 마음 가득 담아
너에게 정겨운 편지를 쓰고 싶다

사랑이라는 이름으로 온 엽서

영원이란 이름으로
곁에 두고 싶었던 사람
사랑이란 말보다
조용히 지켜봐 주고 싶었던 사람

쓸쓸함이 목젖까지 차고 올라와
토해낼 수 없는 아픔이 전해와도
견딜 수 있게
만들어 주었던 사람

수없이 후회하고
되돌리고 싶었던 시간들 속에서
또다시 일어설 수 있었던 것은
사랑이라는 이름으로 언젠가 보내온
당신의 엽서 한 장이었습니다

바람도 머물고 싶은 곳이 있더이다

연둣빛 새싹!
해맑은 아기의 미소처럼
피어오르는 봄 햇살 매우 고와
버들강아지 흔들리는 시냇가에
잠시 쉬어가고도 싶었다

쉴 새 없이 내리는 장맛비
그리고 시원한 그늘
땡볕을 피해 쉬어가고도 싶던 계절 지나고
어느새
서늘한 기운이 일상을 재촉할 때

황금빛 들판을 가로질러
가르마 같은 논길을 눈으로 더듬노라면
흥겨운 농부들의 찌든 땀 냄새
논두렁에서 주고받는 탁주 한 사발에
사계절 시름을 다 잊자 한다

주고받는 술잔처럼
오고 가는 계절처럼
더 머물고 싶어도 그러지 못하는 신세
오라는 곳 없고 갈 길은 바빠도

정겨운 곳이라면
시한 없이 머물고 싶더이다

하얗게 눈 덮인 설산에도
세찬 눈보라가 울어대는 가지 끝에도
지친 몸 기대어
쉬어갈 곳은 있다 하더이다

햇살 같은 마음으로

지친 어깨
등 뒤에 내린 쓸쓸한 그림자
파란 하늘이 노랗게 다가왔던 날
당신에게도 있었겠지요?

피어나는 저마다의 꽃들이
모두 다 제 아픔인 양
가슴이 시려와 잠 못 이루었던 날
당신도 있었겠지요?

홀로 외로움에 눈물 흘리며
말하지 못한 슬픔 가슴에 담아가며
바람이라도 되어 보고 싶던 날
당신도 있었겠지요?

하늘은 파랗고 높아야 한다고
그래야 곱고 예쁘다는 것을
소중한 것은 가슴에 담아야 한다는 것을
그대와 나
너무도 잘 알고 있습니다

쉽지 않은 삶

가끔 힘겹기도 한 우리의 삶에
햇살처럼 고운 마음 되어
서로에게 따스함으로 비추어 줄 수 있는
우리는 그런 사랑만 했으면 합니다

사월의 노래

라일락 향기 진하게
코끝에 스며오는 이 사월에는
오직 당신만을 위한
내 마음의 문을 열겠습니다

앙상한 가지에서
여린 새싹을 틔워내며
목련화 피어나는 사월에는
당신만을 위한
내 마음의 시를 쓰겠습니다

우울한 내 마음 걷어내고
고운 햇살 가슴에 받아
하늘에 떠 있는 구름처럼
포근한 행복만을 가슴에 담겠습니다

바라만 보아도 좋을
이토록 아름다운 사월에는
내 마음의 뜨락에
사랑의 향기를 가득 피우겠습니다

너를 위한 비밀 정원

화사한 장미보다는
순백의 백합화를 들여놓고
돌담 밑에는
예쁜 채송화도 심어봐야지

사립문 옆으로
올망졸망 피어나는
연보랏빛 싸리꽃도 심어보고
마당 가득히 푸른 하늘도 들여놓아야지

누구도 올 수 없는 곳
오직 너만이 찾아올 수 있는
내 마음속의 비밀 정원

한여름의 태양과 함께
그 옛날 어머니의 향기처럼
싸리꽃이 가득히 피어나는 날
너와 나의 사랑도 영글어 가겠지

님의 뜨락에 띄우는 노래

부질없는 그리움들이
낙엽처럼 소복이 쌓여 갈 때
시린 가슴에
마음까지 일렁이는 날

세상을 바라보는 문
모두 잠그고
오직 사랑만을 향해
내 마음의 문을 열겠습니다

바람마저 쌀쌀한 늦가을
국화 향기 더욱 짙게 다가오고
문풍지 사이로 찬바람 스며들어
마음까지도 시려 오는 날

님의 뜨락에
쏟아지는 햇살처럼
눈이 부시도록 행복한 일들이
펑펑 쏟아졌으면 좋겠습니다

행복을 노래하며
그리운 님의 뜨락에 띄우는

아름다운 시를 쓰겠습니다

아름다운 인연

연이라고
모두 다 인연은 아닐 텐데
너와 나
무슨 인연으로 만났을까

하루에도 몇 번씩
안부가 그리워지고
혹한의 계절에도
따스함으로 나를 채워주는 너

어둠 걷히면
환한 햇살 비춰주는
아침이 찾아올 거라는 희망처럼

눈물로 채워졌던 지난 삶
차마
드러내지 못했던 슬픔
이제는 가슴 깊숙이 남겨 두자꾸나

너와 나
함께할 수 있음에 행복해하며
앞으로의 삶

희망이란 붓으로 덧칠해보자

아침 햇살

고뇌의 눈물과
아픔의 시간들을 잊고자
새 아침을 기다린다

밤새 쏟아 놓았던
가난으로 얼룩진 눈물들
그 긴 어둠을 걷어주는
빛 고운 당신

잃었던 또 하나의 눈물 꽃
찬란한 빛의 소망이여
희망의 밝은 미소여

수억만 리
그 먼 길을 단숨에 달려와
내 창문을 두드리던 그대

오늘 이 아침에도
안아보고 싶은 소망 하나
아침 햇살
바로 당신입니다

겨울을 보내며

모두가 떠난 자리
홀로 외로움이 되는 날
겨울아
너마저 내게 이별을 고하는구나

하얀 입김 흩날리며
허공중에 떠돌던 때도
마음이 이리 시리진 않았는데

봄 오자 떠나는 너
무엇이 그리 바빠서
가는 그 길에
눈물마저 인색한 것인가

아직도
마무리 짓지 못한 일들
해야 할 일들은 나를 붙잡는데
너는 어쩌자고 떠나려 하는가

작은 소망

바다가 보이는 곳
그곳에 작은 집을 지어
노후를 보내고 싶은
그런 소망 하나 있습니다

햇살 내리는 창문 틈으로
작은 서재 하나
그리고
나를 지탱해 주는 손때 묻은 낡은 피아노

도시 생활에 힘들고 지친
나의 소중한 사람들이
언제든지 찾아와 쉬어 갈 수 있고
시를 쓰고 음악도 함께할 수 있는 곳

아직은
마음으로 그려보는 작은 꿈이지만
소중히 간직하고 싶습니다

생각 하나만으로도
잔잔한 미소를 짓게 해주는
소박하지만 행복한

나의 작은 소망입니다

라일락

뼛속까지 시리던
긴 아픔의 시간들 속에서
곱게 피어나고자 했던 작은 소망 하나
너는 알지 못하리

그 숱한 시간들을 잠재우며
피어날 수밖에 없던
피어나야만 했던 연보랏빛 소망 하나
너는 알지 못하리

초록의 옷을 입기도 전에
서둘러 피어야 했던 너
촉촉이 젖어 오는 봄비 속에서
진한 향기를 전해주고 싶었던 마음

보조개 살며시 드리우고
보랏빛 고운 향기 전해주고도 싶었던
내 작은 소망 하나
너는 알지 못하리

아카시아 향기는 달빛에 젖고

어둠 속에서도
흐트러지지 않는 기품
한결같은 모습으로 바라보아 주는 달빛
아마도 내 고운 님을 닮았나 보다

처음 너를 만나던 날도
술 한잔에 그리움을 달래던 날도
잔잔하게 다가왔던 아카시아 향기

벌써 오월은
저만큼 가려 하는데
아카시아 향기 문틈으로 숨어 올 때면
그 향기 따라
너의 발자국 소리도 그립다

아름다운 나의 사람아

이른 새벽
찬 공기를 안고 내려와
맺히는 이슬방울처럼
청초하고 순결한 모습으로
내게 다가온 사람아

건드리면
금방이라도 톡 터질 것만 같은
너의 맑은 눈빛에 빠져드는 듯하다

보고만 있어도 행복해지고
생각 하나만으로도
가슴이 따스해지는 사람

새벽의 청초한 이슬이
너와 같을까
푸른 바다의 마음이
너를 닮았을까

불현듯 찾아가
먼발치에서라도 바라보고 싶은
아름다운

나의 사람아

가을 찻집

햇살의 반가움도 잠시
저물어 가는 석양빛이 아쉬워
말없이 창밖만 바라보았던
호수가 정겨운 그 찻집에도
지금쯤이면
가을이 무르익어 가고 있겠지

창가에 들락거리는 바람이
유난히 야속하게 다가왔던 날
떠날 준비 서두르는 그대를 앞에 두고
정작 해야 할 말들은 잊어버리고
애꿎은 찻잔만 어루만져야 했었지

사랑이라는 이유로
가슴에 담아 본 적도 없었는데
쓸쓸한 석양빛과 함께
그리움이란 이유로 찾아 드는
너의 향기
가득한 그 찻집

오월

월색처럼 아름다운
내 님의 고운 모습을 닮아
생각만 하여도 행복해지는 오월

아픔이 지나고 나서야
성숙함으로 찾아드는 진한 사랑처럼
이리저리 바람에 나부끼며
시린 마음으로 떠나보내었던 사월은

어쩌면
너를 맞이하기 위해
화사한 계절의 여왕을 만들기 위해
그토록 몸살을 앓아야만 했던 것일까

그대 아름다운 오월아
세월은 오고 가는 것
아름다움도 연륜 속에 묻혀가지만
우리 함께한 고운 사랑만큼은
초록의 소망과 함께
영원하자꾸나

꽃이 아름다운 까닭은

무서리 치는 가을 들녘에
홀로 내가 피어 있는 것은
지나는 사람들의 시선 때문도 아니고
언젠가 찾아올 것이라는
당신에 대한 믿음 때문입니다

여름날의 그 더위에도
아랑곳하지 않고 싹을 틔우며
서늘한 바람으로 마음까지 시려오는
이 가을에
내가 아름다울 수 있는 것은
나를 생각하며 행복해하는 당신 때문입니다

화사한 꽃으로 피어 있을 때
내게는 많은 사람들이 있었지만
사랑하고 어루만져 주기 전에
아름답다는 이유로
무참히도 꺾어버린 사람들

이제
빈 들녘에 홀로 피어 있어도
외롭지 않음은

멀리서나마 나로 인해
환히 웃을 수 있는
당신이 있기 때문입니다

마지막 잎새

앙상한 가지 끝에
안간힘으로 버티는
가냘픈 너의 모습
작은 바람에도 이리저리 흔들리는
네 모습이 애처롭다

바람도 떠나고
구름도 흘러가는데
무서리 치는 가을 들판에서
무엇이 그리도 아쉬워
떠나지 못하고 홀로 서성이는가?

찬 이슬 찬바람에
마음까지 시린 겨울이 와도
떠나지 않고
기다리는 마음 하나 있다면
그래도 행복하다던 너

화사한 꿈을 안고
이른 봄부터 새싹 틔우고
모진 풍우(風雨)도 견디며
너도 작은 소망 하나 담았을 텐데

이제는 그 소망을 잊으려 하는가

가을빛 전설

색색의 고운 단풍잎
하나, 둘 책갈피에 끼워 넣을 때
꿈이 어지러웠다

바람에 날리는 낙엽 하나만 보아도
이유도 없이 조용히 웃음 짓고
이리저리 흔들리는 갈대의 몸짓에도
괜스레 눈물이 났던 그해 가을

어디서부터 시작되었을지도 모를
세월 앞에 허무해지고
도화지 속의 소중한 꿈들은
벌써 추억이라 이름 짓게 되는데

휭 하니 불어오는 바람
모든 것을 내어 주고도 쓸쓸히 서 있는
길가의 가로수에도 다시 찾아보고 싶은
내 마음의
가을빛 전설

느티나무 그늘에 짐 내리고

한번쯤은
내려놓고도 싶었던 삶
가끔은 나를 잊고도 싶었던 삶

가도 가도 끝이 없었던 길
푸른 오솔길도 걸어 보고 싶었고
잠시 시냇가에 쉬어 가고도 싶었는데

무슨 이유로
버겁다 하면서도 벗어버리지 못하고
앞만 바라보고 살아왔던가?

나도 모르게
어느 사이에 다가온 인생 중반
무엇을 위하여 나 살아왔던가?

푸른 유월의 느티나무
어머니 품속 같은 그 그늘에
오늘은 무거운 짐 다 내려놓고
조용히 쉬어 가고 싶다

나는 네가 좋아

아파트 담장 사이마다
빨갛게 피어오른 오월의 장미
그 화려한 입술로 날 유혹하지도 않았는데
왜 난 네가 좋은 것일까

하얀 찔레꽃의 순수함으로
내게 다가오지도 않았는데
왜 너를 생각하면
달빛 고운 미소만큼 행복해지는 걸까

먹물을 가득 쏟아부은 것처럼
잿빛 하늘이 드리우는 오늘 같은 날에는
어느 봄날의 햇볕 같은 따사로움을
전해주고도 싶은 마음

무엇을 다 주어도 아깝지 않은
생각만 하여도 마음 따스해지는
곱게 포장하지 않은 모습에도 향기가 느껴지는
난 그런 네가 참 좋아

능금꽃 피는 언덕

아카시아 향기 진동하고
저 언덕 너머 과수원에 능금꽃 피면
친구야 우리 시를 쓰자

푸른 보리밭 길 사이로
손 흔들며 찾아올 반가운 님 그려보고
수줍은 미소 머금고 피어난
하얀 감자꽃, 자주색 꽃밭에서
새알 같은 시상(詩想)도 캐보자

잊었던 고향의 향기
달빛 창가에 찾아와 눈물짓는 어머니
가슴속까지 파고드는 그리움
그냥 보내기엔 아쉬운 계절

가랑비가 조금 내리면 어떻고
햇살이 눈부시면 어떠하랴
저 언덕 너머 능금꽃이 필 때면
친구야 우리 시를 쓰자

내가 원하는 당신은

떠오르는 태양
그 뜨겁고 부푼 꿈은 아니어도
나이 들어
저물어 가는 황혼을 싫다 않고
조용히 사색할 수 있는 사람

쉽지 않은 우리네 삶
가끔은 힘들고 지쳐도
작은 미소로 인내하며
내일을 준비하는
그런 사람이었으면 참 좋겠습니다

푸름으로 옷을 입은 오월
그 화려함은 아니더라도
이름 없이 피어난 풀꽃 하나로도
향기를 전해 줄 수 있는 고운 님

부유하진 않지만
함께할 수 있는 것만으로도
감사할 수 있고
서로에게 작은 위로가 될 수 있는 사람

따스한 차 한 잔을 마주하며
하루의 시작과 마무리에
감사의 두 손을 모을 수 있는 사람
내가 원하는 당신입니다

도화桃花가 피던 날

너의 눈빛처럼 은은한
청잣빛 하늘을 내 뜨락에 들여놓던 날
창가엔 도화가 피고
붉은 속살이 익고 있었지

눈물로 얼룩진
너의 그 애처로운 삶에
하늘을 담을 수 있는 뜰과
화사하게 피어난 소망의 꽃들을
선물로 전해주고도 싶었는데

눈물로 찍어 쓴 편지
몇 날 며칠을 보내어도
받는 이 없는 편지는
늙은 배달부만 힘들게 했었지

너를 만나던 날
너를 사랑하게 되던 날
그리고 네가 떠나던 날도
나는 도화 그늘에 앉아
지는 꽃잎에 운다

오월의 편지

파란 하늘만 바라보아도
눈이 시려 올
이 아름다운 오월에는
향기 가득히 담은 편지 한 통을
받았음 참 좋겠다

고운 햇살 받아
기쁨으로 채워질 편지지
읽는 내내
미소 머금고 행복해지는
그런 편지 한 통을 받고 싶다

화사한 장미향은 아니더라도
풀 향기 가득한 순수함과
사랑하는 이의 고운 숨결 느낄 수 있는
오월의 편지

눈이 부시게
화사하고 아름다운 이 오월엔
그리움 가득 담긴
한 통의 편지를 받고 싶다

2부

바람불어 좋은 날

해바라기

뜨거운 팔월의 태양에도
내가 두렵지 않을 수 있는 것은
함께하지 않아도
행복을 주는 당신이 있어서입니다

홀로 사랑이라고
뭇사람들이 손가락질을 하여도
바라볼 수 있는 당신이 있기에
나 견딜 수 있습니다

어쩌다 찾아온 심술궂은 바람
날 유혹한다 하여도
당신을 향한 변치 않는 사랑으로
나 흔들리지 않습니다

온종일
그리움으로 시달린다 하여도
당신을 위한 기다림만으로도
평생 동안 기쁨이 되겠습니다

그대 가슴에 별이 되고 싶어요

살아가면서
문득문득 외로움이 밀려오거나
마음이 아파 올 때면
조용히 하늘을 바라보던 그 눈빛

햇살 가득한 오후 한낮
별 하나 보일 리 없건만
당신은
그 높은 하늘에서 무엇을 찾았을까

눈이 시리도록 맑은 하늘
아마도
그 높고도 푸른 꿈이 가득하였던
어린 시절의 수채화 같은 꿈을 떠올렸으리라

푸르른 하늘 보아도
허전한 마음 채울 길 없어
맑은 두 눈에 눈물을 흘리고 있을까

햇살이 숨고
오늘처럼 잿빛 하늘이 드리운 날에도
계절은 변하고 세월은 오고 가도

그대 가슴에 영원히 반짝이는
그런 별이 되고 싶어요

아름다운 이별

계절 따라
꽃이 피고 지듯
그 여름날의
뜨겁던 사랑도 가고
홀로 남은 이 가을

사랑한다는 말
한마디 전하고 싶어
빛바랜 가랑잎에 붓을 들어도
그 곱던 언어들은 어디로 갔는지
찬바람만 휭 하니 불어온다

무덥던 지난여름
잔잔한 미소로 다가와
영원을 약속하며
함께하자던 너

예고도 없이 찾아온 소나기처럼
흔적도 없이 사라지면
그뿐인 줄 알면서도
못내 그리워 미칠 것 같은 마음

헤어지면
다시 만난다는 희망 속에
언젠가 우리도
석양빛 노을을 바라보며
아름다운 이별을 회상하리

오월을 당신에게

아카시아 향기 진동하고
덩달아 샘을 내는 라일락까지도
사랑스러워 보이는 이 오월

거리 어느 곳을 다녀도
온통 푸름으로 가득 차 있는
보기만 하여도 행복해지는
이 오월을 당신께 드립니다

화사한 장미에 가려져
수줍은 미소로 피어난
찔레꽃의 순수함이
더 어여쁘게 다가오는 아름다운 계절 오월

푸른 소망 가득히
내 사랑하는 마음까지도
넉넉히 담아
이 오월을 당신께 선물로 드립니다

나 외롭지 않아요

가을날
현악기의 구슬픈 소리에도
나 외롭지 않을 수 있음은
소리 없이 전해지는 들꽃의 향기가
내 마음을 따스하게 감싸주기 때문입니다

붉게 물든 저녁 석양빛에
가슴 저 끝 시린 마음 되어도
나 외롭지 않을 수 있음은
파란 하늘과 흰 구름도
나를 바라보며 웃고 있기 때문입니다

이리저리 흔들리며
기다림조차 행복하다며
떠나지 못하는 개울가 갈대의 몸짓에
쓸쓸한 마음이 되어도
바람에 향기 전해주는 그대가 있으니
나 외롭지 않습니다

팔월의 마지막 찻잔

시원한 계곡물이라도 찾아
한번쯤 떠나고 싶었던 팔월
유난히도 뜨거웠던 여름의 막바지에서
변치 않는 마음으로 함께해 준 당신은
메마른 내 삶에
청량제와 같은 존재입니다

바라만 볼 수 있어도
행복하겠다던 키가 큰 해바라기
팔월의 뜨거운 태양 아래 지친 모습 되어도
언제나 한결같은 모습으로
날 바라보며 웃음 지었던 당신

함께하진 않았지만
함께할 수 있었던 마음 하나만으로도
행복할 수 있었던 내 안의 사랑
팔월의 마지막 찻잔 속에는
당신의 고운 향기만 가득 담겠습니다

유월에는

소중한 것은
우리 가슴속에 오래 머무를 수 없습니다
계절의 여왕이라 불리던 오월도
소리 없이 사라져 버리고
기별도 없이 찾아온 푸르른 유월

이 아름다운 유월에는
짧은 여름밤이 조금 아쉽습니다
화사한 장미향은 아니더라도
푸른 소망만을 간직하고 싶습니다

이미 비워버린
화사함으로 빛나던 오월의 술잔을
아쉬워하지 않으며
유월의 아름다운 숨결만을 가슴에 담으렵니다

이 유월에는
엉키어진 인연의 실타래를
억지로 풀려 하기보다는
조용히 시간에 순응하며 기다릴 줄 아는
작은 인내도 배워 가겠습니다

겨울 연가

갈잎이 떠나지 않은 자리
차가운 바람마저 내 마음에 찾아와
가난한 마음이 되는 이 겨울에는
하얀 눈처럼 고운 시를 쓰겠습니다

넘치는 술잔 속에서
너와 나의 마음도 모른 채
비치는 내 얼굴 바라보며
슬픔이 일렁이는 이 겨울에는
작은 사랑의 편지를 쓰겠습니다

추운 어둠 속에서도
여전히 빛나는 별들을 보며
그대의 빈 가슴에도
따스한 사랑의 겨울이 되도록
행복의 하얀 눈송이를 만들렵니다

땅거미 하나둘 드리우는
짧은 겨울
한낮의 쓸쓸함에
햇빛 길었던 지난여름의 사랑
그리운 미소로 담아보렵니다

참 좋은 당신

당신을 생각하면
첫사랑의 작은 떨림처럼
아직도 내 가슴엔
작은 울림을 느낄 수 있습니다

사월의 고운 목련화가
당신의 자태를 닮았을까
봄이 오기도 전에
서둘러 틔워 낸 홍매화의 어여쁨을
말없이 웃는 당신에 비유할까

어둠이 걷히는
새벽안개의 영상처럼
잡힐 듯하면서도 잡을 수 없는
내 안의 당신

늘 곁에 두고
보고 또 보아도 좋을 사람
오랜 시간을 함께하여도
아쉬움 가득 남겨지는 사랑
참 좋은 당신입니다

아침이 오면

계절이 바뀌고
흐르는 세월 속에서
맞이하는 아침은
희망으로만
내게 다가오지는 않았다

언제부턴가
시(詩)에 대한 생각으로
아침을 열고
습관처럼 만나게 되는
나의 벗들

하루하루 열어가는
아침의 일상 속에
하나씩 쌓여가는 나이테를
두려워하지 않고
환한 웃음으로
맞을 수 있는 마음

아침이 오면
사랑하는 사람과 만나듯
정겨운 시상(詩想)과

환하게 웃어 주는 벗들을
만날 수 있다는 이유로
행복 그 따스함을
마음에 담을 수 있게 되었다

그리움

달이 숨고
새벽이 열릴 무렵
창문에 낀 하얀 성에
손가락으로 그려본 너의 얼굴 따라
날아든 한 줌 햇살
밝게 비추는 아침

하얀 입김마저
가야 할 길 모르고
흔들리는 듯한 이 겨울
얼어붙은 추위
소복이 쌓이는 눈 속에
내 그리움도 쌓인다

햇살에 보석처럼
반짝이는 그리움은
가난한 내 마음에
부유함이 되기도 하는
울컥하도록 애틋한 마음

어김없이 찾아오는 봄
가까이 있으면서도

멀리 있는 것처럼
기다림을 찾아 헤매는
또 하나의 그리움!

그대 그리고 나

햇살 고운 이 봄날
부풀어 오른 꽃망울처럼
고운 소망 한 아름 안고 찾아온 그대

그대로 인하여
힘겨웠던 지난 아픔의 시간들도
숨어 쉬던 바람에 쫓기듯 사라지고
고운 햇살처럼 안겨 온
그대 그리고 나!

젊은 이 봄밤을
울며 지새던 새들도 제비꽃도
버선발로 달려 나가 안고 보듬어가며
정겨운 임 맞이합니다

그대여
우리는 수십 번을 만나도
보고 싶어 하며 더 그리워질 사람으로
보고 또 보아도
또 만나고 싶은 그런 인연이었으면 합니다

햇살 고운 이 봄날

내 작은 가슴 가득히
고이 간직하고 싶은 그대
꽃은 수없이 피고 진다 하여도
우린 변하지 않는 그런 인연이었으면 합니다

바람 불어 좋은 날

생각만 하여도
가슴 가득히 행복을 전해 줄 것 같은 사람
오늘처럼
바람 불어 좋은 날에는
그런 당신이 찾아왔으면 좋겠습니다

햇살 좋은 날
느닷없이 내리는 소나기처럼
오늘처럼 바람 불어 좋은 날에는
갑자기 기별도 없이
당신이 찾아왔으면 좋겠습니다

붉게 물든 황혼빛 들녘의
그 아름다움
당신의 향기에 비할 수 없고
오월의 라일락 향기가 날 유혹한다 하여도
당신 향한 그리운 마음은 변할 수 없습니다

잊었던 벗이 생각나
어디론가 떠나고 싶어지는
오늘처럼 바람 불어 좋은 날에는
생각만 하여도 행복해지는

당신이 찾아왔으면 참 좋겠습니다

그리운 날의 편지

더 많이 사랑하고 싶고
더 많이 사랑받고 싶어
한번쯤은
욕심도 내보았던 사랑

이만큼에 감사하자고
스스로 다독이면서도
참 많이 다가서고 싶었던
어쩔 수 없었던 사랑의 아픔

그냥
마음에 담을 수 있다면
그것만으로 행복하자고
그뿐이면 된다고 가슴 달래던 사랑

땅거미 찾아오는
유월의 어느 날 저녁
느닷없이 보고픔으로 찾아드는 너에게
그리웠노라고 한 통의 편지를 쓰고 싶다

사랑, 그 아름다운 향기

언제 만났는지
기억조차 희미하지만
어쩌다 한 번씩
추억이란 이름으로 찾아와
고운 미소 짓게 만드는 이

한때는
원망도 해보고
스쳐 지나간 인연이라고
부질없이 한숨도 지었던 사랑

이제는 그마저도
세월의 연륜 앞에
소중한 향기처럼 그리워지는 것은
무슨 이유일까

오늘
거세게 몰아치는 비바람에
잎 녹차의 향처럼 진한
너의 아름다운 향기가 그립다

나의 사랑아

서러운 세월
등에 진 짐 버거웠던 시간들도
우리 만날 수 있으므로 행복하다던
내 고운 사람아

멈출 수 없었던
그 아픈 시간들 속에
미소 짓는 내 모습 하나에
힘겨웠던 세월도 은혜롭다던 사람아

바라만 보아도 좋을
생각 하나만으로도 미소 지을 수 있고
저물어 가는 황혼 들녘에서
서로의 작은 어깨 기대어 가며

힘겨웠던 삶만큼
눈물로 채워가던 술잔
이제는
아름다운 소망의 행복으로
하나씩 채워 가자꾸나

한여름 밤에 쓰는 편지

기승을 부리던
한낮의 더위도 잠시 쉬어가고
간간히 들리는 풀벌레 소리만이
적막함을 달래주는 한여름 밤

처마 끝에 살며시 찾아온
달빛 그림자에
너의 고운 모습을 그려보며
정겨운 한 통의 편지를 쓰고 싶다

네가 있어 내가 있는 것이라고
그렇게 써 볼까
아니면, 기별조차 없는 님이라고
야속하다고 투정 어린 편지를 써 볼까

하고픈 말이 너무 많아
하얀 편지지 여백을 다 채우지 못한다 하여도
달빛 부서지는 창가에 앉아
그리움 가득 담긴 한 통의 편지를 쓰고 싶다

보고 싶어요

비 갠 오후 한낮
햇살 맑은 창가에 서면
수줍은 미소 머금고 떠오르는
아련한 그리움 하나

잊었다 생각했는데
잊고 있다 생각했는데
물밀 듯이 밀려와
목젖까지 차오르는 보고픈 얼굴 하나

잎새를 틔우기도 전에
꽃부터 피어야 했던 목련처럼
마음을 주기도 전에
아픔이 먼저 찾아왔던 사랑

계절은 이렇게
몇 번을 보내고 맞이하는데
기별조차 없는 야속함이여
어디 가면 당신을 만날 수 있을까
보고 싶어요

사랑은 그렇게 왔습니다

아카시아 향기 가득한
오월의 어느 따스한 날처럼
진한 헤이즐넛의 커피 향처럼
사랑은 그렇게 왔습니다

먹구름 가득 낀 잿빛 하늘
그 언덕 너머에 고운 소망을 갖고 피어난
오색의 찬란한 무지개처럼
사랑은 그렇게 왔습니다

소리도 없이 찾아와
이유도 없이 찾아와
싸늘한 가슴에 따스한 온기를 불어넣어 준
사랑이란 이름

붉게 물든 황혼 들녘을
서럽다 하지 않을 마음
검게 드리워질 저녁 해거름이
무섭지 않을 만큼
사랑은 그렇게 왔습니다

내가 당신을 사랑하려는 이유

햇살마저 숨죽이며
떨고 있는 겨울 한낮
봄 향기만큼이나 넉넉한 웃음으로
찾아온 당신이었습니다

말없이 고개 숙인 모습
살아온 지난 삶을 알 수는 없지만
당신의 지친 어깨에 드리워진
삶의 고뇌와 무게

그 무거운 세월의 짐
잠시나마 내려놓고도 싶었을 텐데
이제는 헤집을 가슴조차 없어
금방이라도 울음을 터트릴 것 같은
당신의 슬픈 눈망울을 보았습니다

그 곱던 얼굴
하나, 둘 늘어가는 이마의 주름살
애써 웃음보이며
행복하다 하는 당신의 그늘진 얼굴

이제는

그만 내려놓음이 어떠할까
우리 함께 늙어가는 모습 바라보며
내 작은 어깨라도 기댈 수 있다면
그것이 내가
당신을 사랑하려는 이유입니다

아름다운 계절아

아련한 그리움 하나
물밀 듯이 밀려오는 보고픔
이 또한 계절 탓일까

그 추운 날씨에도
잊은 듯 살았는데
새롭게 다가온 봄 향기에
불현듯 찾아드는 그리움

초록 속살 빈 가슴에
수정처럼 찾아온 이슬방울
온갖 꽃들의 향연으로
잠재운 감성이 기지개를 켠다

이 세상 끝까지 함께하자던
그 작은 약속들도 세월 속에 묻었는데
이제 또다시 찾아와
나를 흔들어 놓는 이

아름다운 계절아
나는 어쩌면 좋으냐?

나로 인해 당신이 행복했으면 좋겠어!

혼자라고 생각될 때
외로움으로 눈시울이 붉어질 때
떠오르는 얼굴 하나
그 사람 나였으면 참 좋겠습니다

산다는 것이
힘겨움으로 다가올 때
가끔은 나를 생각하며
작은 미소를 지을 수 있는 당신

세월의 무상함과
얽히고설킨 인연들이 안타까움으로 다가올 때
나 하나만을 생각하며
행복하다 이야기할 수 있는 당신
그 모습이 당신이라면 참 좋겠습니다

개여울

솔향기 가득한 산길
뜨거운 햇살
동네 어귀에 차오를 때면
지칠 줄 모르고 서 있던 목장승도
기지개 켜며 낮잠을 청한다

더위에 지친 미루나무
신작로 옆으로 긴 그림자 드리울 때
물장구치며
멱 감는 아이들의 재잘거림
미래의 소망이 되었던 시절

바람이 부는 날이면
종이배에 내 소망 띄워 보내고
발끝까지 시려오는 겨울에는
해가 기우는 줄도 모르고
얼음 지치며 썰매를 탔던 시절

모든 것은 그대로인데
바삐 달려온 내 삶을
이야기라도 해주는 듯이
더욱 작게만 보이는 개여울

그 시절
함께 노닐던 아이들은
모두 어디로 떠나고
쉼 없이 흐르며 더욱 작아진
개여울의 모습이 애처롭다

봄 향기

곱고 고운 봄
어떠한 말로
그 아름다움을
다 이야기할 수 있을까

눈으로 담고 담아도
가슴에 넣어도
풀 향기 가득히
아름다움만 전해주는 봄

내 님의 마음을 닮았을까
보고 또 보아도 보고 싶고
안고 또 안아도 안고 싶은
아름다운 봄

넓은 들, 푸른 초원
그 어느 곳을 가든지
코끝으로 전해오는 고운 향기

내 님의 고운 미소처럼
화사한 봄 향기
풋풋한 봄 내음 속에서

내 님도 날 생각하고 있겠지!

첫눈 내리는 밤

앙상한 나뭇가지 사이를 지나
서걱거리는 갈잎 위에
소복이 첫눈이 쌓이는 밤

지친 기다림도 익숙해져 가는
세월 앞에서
첫눈이 내리는 밤에는
내 안의 또 다른 내가 되어
그리움 한 자락 꺼내 본다

굳이
만나지는 약속은 없었지만
첫눈이 내리는 이 밤에는
왠지 그대가 올 것만 같아
긴 밤 잠 못 이루며 뒤척인다

첫눈이 오는 이 밤
온 세상이 하얗게 변해버린 밤
가난했던 내 마음에도
따스한 사랑의 소망을
가득히 쌓아 본다

3부

가슴에 남은 못다 한 말

가슴에 남은 못다 한 말

만나지 않아도
눈에 선하게 떠오르는데
왜 보고픈지 모르겠습니다

그립다 말하지 않아도
가슴 저미듯 쓰라린 것은
무슨 이유인지 모르겠습니다

함께한 날들보다
더 많은 시간을 그리워했고
잊으려 한 만큼
더 많은 날들을 아파한 사람

마르지 않는 눈물샘 되어
그대를 보내고 돌아서는 길에도
정작 다하지 못했던 말
당신을 사랑합니다

가끔은 울고 싶은 사랑아

가을빛이 내려앉은
길가의 푸른 이파리만 보아도
명치끝이 싸하게 아파 오는 것은
멀리 있어 만나지 못하는 너와 나
그 이유만은 아닐 게야

눈이 부시도록 푸른 하늘
그 곁을 배회하면서도 함께하지 못하는
흰 구름의 애틋한 사랑이
서러워서도 아닌 게야

황량한 너의 마음에
풍요로운 가을의 선물
넉넉하고 환한 웃음을
가득 안겨주고 싶었는데

잘나지도 못한 한 줄의 시
그것밖에 내가 줄 수 없음이
안타까운 게지
울고 싶은 사랑아
나는 어쩌란 좋으냐!

늘 함께하고 싶은 사람

촉촉이 젖어 오는
봄비 내리는 창가에
살며시 떠오르는 그리운 이름 하나
당신입니다

잃어버렸던 향기
힘겨웠던 지난 삶 속에서
그래도
웃을 수 있는
삶의 작은 여유를 전해준 이
당신입니다

층층 계단을 오르내리던 삶
잠시 쉬어 가고 싶던 달콤한 유혹도
주저앉아 목청껏 울고 싶던 날도
날 바라보며 울고 웃는 당신

계절은 다시 오고 가고
꽃은 다시 피어나도
늘 변하지 않는 마음으로 함께하고픈 사람
바로 당신입니다

홍매紅梅의 전설

나도 때로는
봄 햇살이 그리웠고
누구나가 바라보아 주는
봄의 꽃이 되고도 싶었다

봄이 오기도 전에
서둘러 틔워야 하는 홀로 사랑
제대로 피어보지도 못한 채
얼굴 붉히며 눈 속에 숨던 사랑

연지곤지 찍고
알록달록 색동옷 갈아입고
이 추운 들녘에 서성이며
그대 한 줌 바람으로 찾아와 주길
손꼽아 기다렸지만

여태
소식 없는 서러움에
핏빛 눈물이 가득 고여
꽃망울로 부풀어 오른 홍매화
봄이 오면 그 속살 터트려
누구를 유혹할지

봄 햇살은 저만큼에서 다가오는데
내 사랑은 어디서 지금 헤매는지
겨울 들녘에서
핏빛 아픔 가슴에 담고
홀로 피어야 하는 홍매의 전설

겨울 달

고독과 어둠
동이 터 오는 새벽녘이 되도록
이 자리를 내가 지켜야만 되는 것은
나를 바라보며 행복해하는
그런 당신이 있기 때문입니다

긴 겨울밤의 고독
서러움에 눈물 흘려도
당신 그리움을 떠나지 못하고
배회하는 모습

때로는
서럽게 울고 싶던 날도
바람 따라 한번은 떠나고 싶던 날에도
홀로 눈물짓는 당신
그 애처로움 때문에 나 여기 있습니다

서러움에 목이 메어 와도
긴 겨울밤의 외로움에 허기져도
빈 가슴 쓸어안으며
새벽녘이 되도록 잠 못 이루는 당신

이 추운 겨울밤에도
홀로 외로움에 눈물 흘려도
이 자리를 지킬 수밖에 없는 것은
봄의 꽃망울 같은
당신의 고운 미소를 보고 싶기 때문입니다

시인의 계절

꽃이 피는 봄부터
칼바람 부는 찬 겨울까지
어느 계절인들
가슴 시리지 않은 때가 있었던가!

사월의 혹독한 바람 속에서
하나둘 꽃잎 떨어질 때마다
가슴 조이며 애태웠던 시간들

여름의 지독한 더위에도
한 줄의 시를 잉태하느라
구슬 같은 땀방울을 흘리면서도
행복이라 이야기하더니

눈이 보이는 모든 것들이
한 줄의 시가 되고 사랑이 되는
이 아름다운 가을에는
시인은 또 얼마나 고운 말로
이 계절을 노래해야 할는지

함께 있어서 좋은 사람

함께할 수 있음이
이렇게도 행복한 것은
어쩌면 너와 나
아주 오래전부터 만나야 할 인연이기 때문일까

애틋한 그리움은 아니더라도
잠시라도 함께할 수 있음이
이렇게 위로가 되고 편안한 것을
말이 없다 하여 모르겠는가?

보기만 하여도
가슴 시리던 가을 하늘이
곱고 아름답게 다가오는 것은
함께 있어서 좋은 사람
그런 그대가 있기 때문이리라

시인의 눈물

그 많은 계절들을
수없이 보내고 맞이하면서도
아직도
못다 흘린 눈물이 남아 있었나?

봄이 오기도 전에
서둘러 피어난 홍매화에도
시든 꽃잎 되어 날아갈까
미리부터 걱정하며 눈물 적시더니

눈이 부신
여름날의 푸름 앞에서도
환한 웃음 한번 지어보지 못하고
산고는 또
얼마나 겪었던가?

코발트빛 하늘만 보아도
마음 시린 이 가을날에는
혼이 담긴 시 한 편을 잉태하기까지
시인은
또 얼마나 많은 눈물을 쏟아내야 할는지

가을을 닮은 당신에게

-부칠 수 없는 편지

언제부터였는지
푸른빛이 돋던 나뭇잎마다
빛바랜 가을 색이 찾아들고
스산하게 불어오는 바람결에
그리운 당신인가 싶어
소스라치듯 놀라 뒤돌아보게 되는
쓸쓸한 마음 한 자락에 떠오르는 얼굴
피하려 하여도 피할 수 없는 그림자처럼
언제나 함께하는 내 안의 사랑인 것을
당신은 알고 계시나요?

웃고 있어도
눈물이 흐르는 것은
떠난 인연이 아쉬워서가 아니라
끊을 수 없는 당신과 연이 애달파서인 것을
하늘빛이 너무 곱고 예뻐
한 폭의 수채화를 그리려 붓을 들어도
가을을 닮은 당신의 모습조차 그릴 수 없어
이렇게도 안타까운 마음인 것을
나도 알 수 없기에
부칠 수 없는 편지만 쓰나 봅니다

잊을 수 없는 이름 하나

보고픈 마음
사랑하는 마음
애틋한 그리움은 아닐지라도
스치는 바람 한 자락에
나도 모르게 떠오르는 이름 하나

쉴 새 없이 내리는 장맛비에도
언덕 너머에 피어오르는 오색의 무지개 속에서도
불현듯 찾아와
한 번씩 가슴을 울렁이게도 했던
잊을 수 없었던 이름 하나

언제 만났는지
이제는 기억에서조차 멀어져
추억은 하얀 일기장의 여백을 채우지 못하고
가는 세월이 약속하여도
사랑이라 이야기하고 싶었던 마음

어쩌면
만나기 전부터 함께하여야 했을
인연이라 말하고도 싶었던
언제부터인가

나도 모르게 떠올리는 이름 하나

비 오는 날의 수채화

울긋불긋
형형색색의 우산도 그려 넣고
촉촉이 젖어 생기 가득한
보랏빛 창포도 그리고 싶었습니다

맑고 투명한 호수와
비바람에 간간이 흔들리는
길게 늘어진 수양버들과
아기자기한 나의 꿈들을
곱게 그려가고만 싶었습니다

내가 그리고자 했던
비 오는 날의 수채화
하얀 도화지 속의 소중한 꿈들은
아직도 그대로인데

정작
함께 가고자 했던 당신은
빗물에 사라졌는지
어디에도 찾아볼 수 없었습니다

어느 슬픈 인연에게

슬픈 인연이라고
가슴 아픈 사랑이라고
탓하거나 아파하지 마세요

망망대해에
홀로 떠 있는 한 척 배처럼
외로운 사랑이라고도 이야기하지 마세요

함께할 수는 없어도
없어서는 안 될 해와 달처럼
평생을 그리워해야만 할 인연이라도
눈물 흘리지도 마세요

밤이 지나면
어김없이 아침이 찾아오는 것처럼
보이지 않아도 느낄 수 있는 마음
우리에겐 그런 믿음이 있으니까요

겨울나무

사랑한다는 이유로
제 가진 모든 것 내어주고
홀로 빈 들녘에서
쓸쓸히 추운 날을 보내야 한대도
줄 수 있음이 행복하다 하는 나무여

주고 또 주어도
줄 수 없음이 안타까운 마음
앙상한 빈 가지마다
물이 고이고 패여 가는데
이 추운 겨울을 어찌 보내려는지

상처가 아물고 나면
새살이 다시 돋아나듯
홀로 긴 겨울을 서럽게 보낸다 하여도
오는 봄을 기다릴 수 있음이 행복하다 하는
주기만 하는 사랑, 겨울나무여

겨울밤

밤이 길어
잠들지 못하고 뒤척일까

문풍지 사이로
스미는 바람 서러워
잠 못 이룰까?

시냇물 졸졸 흐르는
춘삼월이면
그리운 님의 소식
산 까치에 전해지려나

야속한 겨울밤이여
부엉이 울음소리에도
잠 못 이루는 슬픔이여
너는 어쩌면
홀로 우는가?

사랑, 그 아름다운 고뇌

잔인한 아픔의 사월로
내 작은 가슴에 파문을 던지기도 하고
향기로운 오월의 화사함으로
피어나기도 하는 사랑아

노크도 없이 지나치는
늙은 우편배달부가 약속하기만 하여
한참을 서성이고 잠 못 들게 만들었던
사랑이라는 이름

처음부터 나의 시는
너를 위한 것이었지
내 안에서
나의 언어가 되고 꽃이 되기도 하며
수없이 울고 웃고
내 시의 첫 문장을 열어 주는 너

앞으로 더 많은 날들을
가슴에 담고 아픔을 만들지라도
너를 위한 한 줄의 시를 쓸 수만 있다면
그로 인하여
네가 행복해할 수만 있다면

난 평생 동안을 시를 쓰리라

가난한 이름에게

거리는 온통
초록의 물결로 출렁이고
온갖 이름 모를 꽃들까지
이 오월을 아름답게 장식하는데

비 온 뒤의 하늘은
한없이 더 높고 곱기만 한데
마음이 가난한 당신은
허전한 마음 채울 길 없어
눈물로 가득한 오월이 되었나 봅니다

그립고 보고 싶다는
수없이 내뱉은 말들보다
말없이 바라보며 인내한 사랑
그조차 알지 못했던
그래서 더 가난한 마음이 되었나 봅니다

길가에 피어 있는
노란 민들레 한 송이에도
인연이라 하던 당신
하얀 풀씨 하늘로 날아가 버리고
또다시 외로움이라 이야기하는 당신은

마음이 가난한 사람입니다

종이학

우리 서로
멀리 있다 하여도
함께하고자 했던 소망 하나 있었는데

푸른 하늘과 넓은 바다
유유히 날갯짓하며
더 넓은 곳으로 날아보고도 싶었는데

스치는 바람 한 자락에도
흔들려야만 하는 내 작은 몸짓은
언제나처럼
소리 없는 침묵으로 끝나고

간직하고 싶었던 소망 하나
그 또한 마음속에서만 맴돌 뿐
이도 저도 할 수 없는
나는 한 마리 종이학인 것을…

그래도 가을은 아름답습니다

서늘한 바람에 옷깃 여미며
묵은 체증까지 아픔으로
시린 가슴이 되어도
가을은 아름답습니다

홀로 서 있는 빈 들녘의 허수아비
또다시 겨울을 보내고
언젠가는 맞이할 새봄을 기다리는
희망이 있기에
가을은 슬프지만은 않습니다

저 너머 오솔길엔 낙엽 쌓이고
초막 돌담 응달진 곳에
얼기설기 묶여 있는 누런 시래기
가난했던 어린 시절 떠올리게 하여도
그해 가을은 아름다웠습니다

마지막까지 화려한 모습으로
눈물 보이지 않으며 떠나는 뒷모습
눈보라 휘날리는 추운 겨울에는
홀로 견디며 새봄을 기다릴 수 있기에
가는 가을이 아름답습니다

그런 사람이 있었네

길을 가다가
우연이란 핑계를 대어
한번쯤 부딪치고 싶었던 사람
그런 사람이 있습니다

비 오는 간이역에서
어쩔 줄 몰라 허둥대고 있을 때
어디선가 갑자기 나타나
우산을 받쳐줄 것 같은 사람

한 줌 햇살에도
밝은 미소를 짓게 만들어 주고
시든 꽃잎 되어 흩날릴 때도
내일의 소망을 알게 해 준 사람

사랑이라 말하기 전에
아픔을 먼저 느껴야 했고
아픔이라 이야기했을 때는
영원히 잊지 못할 사랑이 되었던 사람
그런 사람이 내게 있었습니다

진실

함께한 세월이
그리 길지 않아도
그립다는 말 한마디 전하지 않아도
우리에겐
서로를 알 수 있는 마음이 있습니다

어떻게 살아왔는지
한 번도 이야기를 해 본 적 없고
서로의 속내를 드러내 보이진 않았지만
말하지 않아도 느낄 수 있는 마음이
우리에겐 있습니다

겨울이 오는 길목에서
달랑 남은 마지막 잎새마저 보내고
홀로 추위에 떠는 나뭇가지의
쓸쓸한 마음을 우리가 알 수 있는 것처럼

보이지 않아도
굳이 사랑이란 말을 입에 담지 않아도
우리에겐
진실한 믿음이 있기 때문입니다

가을 여행

오늘처럼 힘겨운 날
가슴에 쌓인 작은 아픔들
훌훌 털어버리고
간간이 불어오는 바람 따라
나도 어디론가 발걸음을 재촉하고 싶다

쓸쓸함이 밀물처럼 밀려와
코끝으로 스치는 바람마저
스산함으로 찾아올 때면
아무도 모르는 곳으로
나도 정처 없이 떠나고 싶다

하얀 도화지 속에
남몰래 그려 넣었던
석양빛 바닷가에서
고운 님의 얼굴도 그려보며
겹겹이 쌓였던 아픔들도 씻어내고 싶다

푸른 하늘만 보아도
괜스레 눈물이 나고
이유도 없이 울컥해지는 계절
오늘처럼 공연히 외로운 날에는

바람이라도 되어 어디론가 떠나고 싶다

겨울 장미

눈꽃 피던 날
모두가 이별을 고할 때
긴 겨울의 문턱에서
붉은 입술 하얀 그리움으로
피어나던 너

푸름을 자랑하던 그 유월의
화사함으로 피어나
많은 사람들의 시선도
한 몸에 받을 수 있었을 텐데…

원치 않는 계절 앞에
긴 밤 지새우며
추위에 홀로 떨며 피어있는
아름답지만 슬픈 꽃

모두가 떠난 자리
이 추운 겨울 들녘에서
무엇이 그리 서러워
슬픔의 실타래를 풀지도 못하고
오는 봄을 기다리려 하는가?

13월의 눈

달력에도 없는
내 마음속에만 있는 13월
그날에 눈이 펑펑 쏟아지기라도 한다면
일 년 사계절 가슴에만 담고
한 번씩 남몰래 꺼내 보며 웃음 지었던
당신을 찾아가겠습니다

삼백육십오 일
그 많은 날들 중에서
맘껏 당신을 꺼내 보았던 날은
단 하루도 없었던 것을
내게 속한 현실들이
커피 한잔의 여유조차 허락지 않고
당신에 대한 그리움조차
보일 수 없었나 봅니다

내 마음속에 그려보는
13월의 눈이 오는 날에는
그토록 그리워했던 당신을 찾아
하얀 눈길을 걷고 또 걸어
사랑만을 위한 내가 되어
당신에게로 가겠습니다

진달래

겨울이 떠난 자리
해마다 그 자리에서
새롭게 소망을 안고 피어나도
서러움의 눈물만 가득 고입니다

연분홍빛 희망으로
오는 봄을 맞이하지만
반겨줄 이 없는 산골
따스한 봄 햇살마저도
야속함으로 다가옵니다

언제나 같은 자리에서
같은 모습으로 피어나겠지만
홀로 핀 외로움은
서글픔의 눈물이 됩니다

보고파도 참고
그리워도 참고
서러워도 참을 수밖에 없는
내 눈물을 먹고 자란 꽃
네 이름은 진달래!

세월이 흐르고
무성하게 산을 덮는 어느 날
그곳에 당신도 함께하리라는
작은 소망으로
올해도 내년에도 피어 있으렵니다

봄비 1

빈 가지마다
촉촉이 적셔주는 봄비처럼
그대 내게 오세요

인기척 없이
반가움으로 찾아온 봄비처럼
그대 내게 오세요

그리움도 목말라
한번쯤은
내 안의 나를 놓고도 싶을 때

달래와 냉이
그 향기로움 코끝으로 스칠 때
고운 소망 안고 찾아오는 봄비처럼
그대 그렇게 오세요

봄비 2

겨우내 얼었던
내 감성의 얼음장 사이로
소리 없이 찾아와
녹여주는 너의 눈물

그 먼 길
그리움으로 달려와
굳게 닫혔던 마음의 빗장
너의 손으로 열었으니

이 비 그치고 나면
무지갯빛 소망 가득히
그리운 임처럼 날 반기겠지

연리지連理枝

호르는 물소리
지저귀는 새소리에도
귀 기울이지 못하고
바람의 유혹에도 눈길 한번 주지 못하고
바삐만 살아왔던 시간들

푸른 하늘에서
왜 비가 오는지 생각조차 못 하고
홀로 그렇게 살아왔던 삶에
소리도 없이 내 가슴에 다가온 인연

잿빛 하늘에 비가 내리는 날
그것이
너의 눈물이라는 것을 알게 하고
언제나 함께라는 마음을 전해주었네

천년의 세월이 흘러도
변할 수 없는 그리움
죽음이 우리를 갈라놓는다 하여도
함께하고픈 숭고한 사랑

4부

서리꽃

서산의 노을이 익어오면

어느 날도
그리워하지 않는 날이 없었건만
서산에 노을이 익어올 때면
주체할 수 없도록 그리운 것은
무슨 이유인지 모르겠습니다

떨어지는 꽃잎 하나에도
그대인가 싶어 뒤돌아보고
머릿결 스치는 바람 한 점에도
눈물겹도록 그대가 보고 싶습니다

서러움이 밀려와
목 놓아 울고 싶었던 날도
홀로 긴 밤 지새며 아파한 날에도
함께한다는 이유만으로
힘이 되고 위로가 되었던 당신

한낮의 햇살도 떠나고
서산에 노을이 가득할 때면
붉게 물든 내 눈가에는
당신 그리는 눈물로 가득합니다

서리꽃

어둠이 꿈틀거리며
떠나려 하는 새벽 미명의 시간
늦가을 들녘에서
하얗게 밤을 지새운
슬픈 사랑을 만났다

숨어버린 달빛 속에서
가쁜 숨 몰아쉬며
밤이 새도록 달려온 당신

못다 전해준 짧은 사랑의
서글픈 눈물들이
이 추운 들녘을 떠나지 못하고
영혼으로 서성이는가?

아침이면
이내 사라지고 말 것을
무엇이 그리도 서러워
이승에서의 아픈 연을
놓지 못하고 배회하는 걸까?

오래전 늦가을 밤

잡은 손 힘없이 놓고 떠나야 했던
떠나기 싫어 몸부림치며
하얗게 밤을 지새운 영혼

슬피 우는 사랑의 꽃
그것은 어머니!
당신의 눈물이었습니다

어머니의 초상

달이 숨고
새벽이 열리는 시간
정갈하게 옷매무새 다듬는
여인의 분주함과 함께
뒤뜰 장독대에 올려진 정화수(井華水)

흰 목선 가느다란 허리
긴 치맛자락 밟혀가며
빌고 또 빌며
아침을 맞이하는 그 눈망울엔
어느새 슬픔이 가득하다

여자이고 싶었던
그 소망 다 묻어버리고
그리 길지 않은 세월
어머니란 이름으로라도
조금만 더 불리고도 싶었을 텐데

하얀 새벽을 열어가며
굽은 허리 펴지 못하고
빌고 또 빌었던 소망 하나
어떻게 그 먼 길 떠나야 했을까

뒤뜰 장독대의 맑은 정화수
세월 지나도 잊어지지 않고
내 여린 가슴을 아프게 한다

물안개 핀 호숫가에서

아침의 햇살마저
기지개를 켜지 않은 새벽 호숫가
하얗게 피어나는 물안개 속에
눈물 가득한 당신의 모습이 보입니다

한 줌 햇살에
이내 사라질 것을 알면서도
한번 보듬어 보지도 못하면서
한마디의 말 건넬 수도 없으면서
하얀 그리움으로 피어난 당신

이제는
그만 내려놓아도 될 터인데
사라지지 않는 당신의 그리움은
이승에서의 연마저
끊을 수 없게 만들었나 봅니다

바람마저도 곤히 잠을 자는
물안개 피는 새벽 호숫가에는
어머니 당신을 향한
그리움만 가득합니다

그해 늦가을의 아픔

떨어진 낙엽 하나에도
조용히 미소를 지었던 그해 가을
억제하지 못하고 고여만 갔던
가슴 깊숙이에서 흐르던 눈물

새벽 여명이 오기도 전
눈 비비고 일어나 마주친 것은
홀로 벽에 기대어 날 바라보고 앉아 있는
미처, 눈을 감지도 못한 싸늘히 식어간 어머니

아찔한 느낌
간신히 다가가 만져보니
나무토막보다 더 굳은
힘없이 쓰러지는 가엾은 나의 어머니

당신을 묻고 오는 길
바람에 날아온 노란 은행잎 하나
떠나지 못한 어머니의 영혼처럼
슬피 울어야 했던 그해 늦가을의 아픔

그대, 정겨운 사람아

내리는 빗소리에도
가슴이 아프다 하던 그대!

이렇게 비 내리는 날이면
당신의 슬프디슬픈 모습이 떠오릅니다

비 오는 저녁이면
애틋한 그리움 한 자락에도
행여
외롭고 쓸쓸한 그대의 맑은 눈에
눈물이 고일까 두렵습니다

그대
살아가는 동안
나로 인하여 행복했으면 좋겠습니다
그대 정겨운 모습
밝은 미소로 가득했으면 좋겠습니다

가끔은
내 생각으로 웃을 수 있기를
작은 슬픔이라도
나를 기억하면서 달랠 수 있다면

나도 행복하겠습니다

달빛이 창가에 내린 까닭은

은하수를 따라
저 먼 길을 가면
당신을 만날 수 있을까?

몇 날 며칠을 노 저어
은하를 건너가면
당신 계신 곳을 갈 수 있을까?

오늘 밤
꿈속에서라도 만날 수 있을는지
혹여, 내 자는 모습
물끄러미 바라보고 가실는지

이승에서 다하지 못한 연
만날 수 없는 슬픈 운명
그리움에 목이 메어 울어도

가까이 다가오지 못하는
차마 다가올 수 없어
달빛 창가에 내려 눈물짓는 어머니
당신인가 합니다

강물에 비친 노을빛

흐느끼듯
일렁이는 강물에
붉은 물감으로 채색된 물그림자
누가
저리도 곱게 화폭에 담았을까

취한 듯
길게 누운 노을은
만나지 못하는 너와 나인 양
쉬이 잠들지 못하여
아직도 흐느낀다

강물에 앉아
그렁그렁한 눈물을 삼키며
흐르는 시간 따라
하룻밤도 같이하지 못한 채
점점 퇴색해가는 인연이여

우리
언제쯤이면
강물에 녹은 노을처럼
함께할 수 있을까

중년, 그 언덕에 흐르는 강

건너고 싶지 않아도
누구나가 건너야 할 강
기다리지 않아도
어김없이 찾아오는 중년

가파른 산길을 오르내리면서
잠시나마 쉬어 가고 싶었던
작은 유혹들도 뿌리치며
앞만 보고 바삐 달려 온 삶

어느 사이엔가
뒤돌아보게 되는 삶
그리 짧지만은 않았을 텐데
벌써 이만큼이나 와 있었나?

이름도 없이 피고 지는
풀 한 포기, 꽃 한 송이에도
애틋한 마음을 갖게 되고
멀리 있는 벗이
한번씩 그리움으로 찾아든다

멀게만 느껴졌던 세월들

한번쯤은 추억이란 이름으로
거슬러 올라가고도 싶었는데
피해갈 수 없는 중년의 강
나도 이제 저 강을 건너야 하겠지

부치지 못한 편지

목 놓아 불러 보아도
돌아오는 것은 공허한 메아리뿐
찬 겨울의 스산함만이
당신 그리움을 대신합니다

어머니!
온 세상이 하얀빛으로 수놓인
이 계절에는
유독 추위를 느끼셨던 당신 생각에
마음이 뼛속까지 시려옵니다

벌써 계절은
세 번의 강산이 변하고도 남은 세월인데
소복이 쌓여만 가는 그리움은
이 불혹의 나이에도 더해만 갑니다

사랑했노라고
먼 곳에서 지켜봐 달라고
순백의 하얀 눈 편지지에
번지지 않을 마음의 잉크로
사랑 가득 담은 편지를 쓰겠습니다

하루에도 몇 번씩이나
지우고 써 내려갔던 내 마음의 편지
차마 부치지 못한
부칠 곳이 없었던 쓸쓸한 편지였습니다

천년 사랑

슬픈 세월의 흔적
지친 어깨에 내려앉은
헤아릴 수 없는 당신의 아픔들
따스한 햇살 되어
녹일 수 있으면 좋겠습니다

작은 소망의 삶마저
믿었던 세월 앞에 허망해지고
연륜에 찌들어 버린 삶
쓸쓸히 보이는 슬픈 그림자

그대를 사랑할 수만 있다면
천년의 세월이 흐른다 하여도
쉼 없이 흐르는 물이라도 되어
흐르고 또 흐르고 싶습니다

누군가를 사랑한다는 것은
나를 버려야 하는 것
그늘진 그대의 삶에
작은 빛이라도 될 수 있다면
내 안의 나를 버리겠습니다

힘겨운 그대의 삶에
작은 온기라도 전해 줄 수만 있다면
천년의 세월이 흐른 후에도
그대 곁에 영원히 머물고 싶습니다

종착역

역시 그랬어!
인생은
한 번에 끝나는 것이
아니었던 거야

이별의 종착역이든
삶의 종착역이든
굴곡 없이 탄탄대로만은
아닌 거야

시냇물도 건너고
신작로도 건너가며
걷다가 지치면
잠시 쉬어가기도 하고
그렇게 인생은 가는 거야

내 삶의 종착역에서
후회 없이 살아왔노라고
환하게 웃을 수 있도록
살고 싶어

언제나 바삐

감사함으로 내 삶을
다듬어야 하는 거야

그리움의 잔

밤하늘에 반짝이는
별들의 모습만 보아도
환하게 떠오르는 보름달에도
당신 그리움은 가득하기만 한데
어찌 당신을 잊을 수 있겠습니까

산다는 것이
힘겨울 때면
빛바랜 사진첩 속의 당신 모습 찾아가며
남몰래 눈물 삭이며 살아왔는데
그 세월을 어찌 잊을 수 있겠습니까

코흘리개 개구쟁이들
어느 사이엔가 껑충 커 버린
내 아이들의 모습에도
당신은 온화한 미소로 웃고 계시는데

많은 세월이 흘러가고
모든 것이 변하여 간다 하여도
당신 그리워하는 마음으로 채워지는 잔
그 잔은 비울 수가 없습니다

가을 달

귀뚜라미 울어대고
가랑잎에 이는 바람 소리
쓸쓸한 가을밤!

외로움도 지쳐 쉬어갈 시간
홀로 있을 너를 생각하면
명치끝을 찌르는 아픔
가슴 언저리에 피멍이 든다

힘겨운 세상살이
투정하는 소리 귀 기울여 주고
늦은 밤 방황하는 나그네들에게
희망을 주는 너

저 너머 오솔길에는
가랑잎 구르는 소리
홍시 빛 창가에 쌓이는 낙엽
너는 정녕
이 긴 가을밤을 홀로 보내려 하는가?

네 아픔은 토해내지도 못한 채…

고도孤島에서 온 편지

수평선 저 멀리 푸른 바다
외로이 떠 있는 섬 하나
부서지는 파도 소리에
그리운 님의 음성일까
서성거리는 모습이 애처롭다

희뿌연 해무(海霧) 사이로
보이는 작은 배 한 척이
너의 소식 전해줄까
마냥 기다리는 마음
잊을 수 없는 세월이었지

햇살 따스한 봄에도
눈보라 휘날리는 겨울날에도
나 홀로 기다리는 섬, 고도(孤島)
마음 하나 있다면
돛단배 한 척에라도
너의 향기 전해 줄 수 있을 터인데
망망한 바다엔 갈매기만 떠 있다

너와 함께이고 싶었던 시간들
행복한 너의 모습 그리며

아름다운 꿈도 꾸어 보고 싶었는데
섬나라에 출렁이는 파도가
오늘 나를 아프게 한다

숨어 우는 아버지

모두들 잠든 새벽녘
파이프에 묻어나는 긴 담배 연기
주름살 너머로
초췌한 아버지의 모습이 보인다

목젖까지
울컥 서러움이 차올라도
언제 한번이라도
소리 내어 울어보지도 못한 아버지

등에 진 무거운 짐
한번쯤은
내려놓고 쉬어가고도 싶었을 텐데
앞만 보고 쉼 없이 걸어야 했던 길

이제는
돌아올 수 없는 먼 길 떠나시고
가뿐한 몸과 마음이 되어
편안하다 하실는지

세상을 휘어잡을 듯한 기세
호통치던 그 위엄은 어디로 가고

이제는 불러 봐도 대답 없는 아버지
서산의 노을빛마저 쓸쓸함으로 다가온다

가을 편지

이 가을에는
가장 아름다운 언어로
향기 나는 편지를 쓰고 싶습니다

황금벌판으로 수놓는
들녘의 풍성함을 편지지에 담아
사랑의 마음을 전하고 싶습니다

빛바랜 책갈피에 숨겨둔
노란 은행잎 하나 뽑아서
그대의 고운 미소를 그리며
정겨운 엽서 하나 보내렵니다

찬바람 찬 서리에
마음까지도 시릴 그대이기에
하늘에 떠 있는 구름 우체부에게
따스한 마음 편지로 보내고 싶습니다

그립다는 말은 차마 못 하더라도
한번쯤은 보고 싶었노라고
하늘만큼은 아니더라도
죽지 않을 만큼은 보고 싶었노라고

고운 마음 편지에 담고 싶습니다

이 가을엔
서늘한 바람에 날아온
붉은 단풍잎 하나 주워 그대에게
정겨운 편지를 보내고 싶습니다

작은 행복

망망대해처럼
그리 큰 희망을 가져 본 적도
없었는데

살아가는 현실 속에서
이제는
작은 소망 하나로도
행복하자 한다

여름의 태양 빛
그 뜨거운 열정도 아니었는데
이제는
서산의 노을빛에도
감사하자 한다

그리 큰 소망을
가져 본 적도 없지만
이제는
시를 쓸 수 있는 것만으로도
행복하자 한다

밤차

차 한잔에
얼어붙은 마음 녹이며
오늘은
밤차에 몸을 실었다

흰 눈으로 뒤덮인 산야
겨울 강 찾아오는 철새들
속살까지 파고드는 밤바람
생각만 해도 정겹다

차창에 드리워진 하얀 성에
손가락으로 그려보는 너의 얼굴
잊어진 듯 그려지질 않고
사랑하는 마음만 그려진다

오늘은
이유도 없이
목적도 없는 여행을 떠난다
밤차를 타고 홀로 떠난다

봄바람

그대 있는 곳이라면
천 리 길 멀다 않고
그 어디라도 쉼 없이 가겠습니다

가슴 풀어헤친 능수버들
날 유혹하여도
오직 그대 있는 곳을 향해
바삐 발걸음을 옮기겠습니다

연한 녹색의 빛이
유혹하는 오늘은
그대 창문 활짝 열어주세요

흰 구름도
쉬어가고 싶어 하는 어느 봄날
풀 향기 가득 담고서
그대 창가에서
그대의 고운 미소 보고 싶습니다

겨울 수채화 1

속살 벗은 하얀 겨울
당신의 그 곱고도 넉넉한 마음
가득 담고도 남을 수 있도록
깊고도 넓은 푸른 바다를
제일 먼저 화폭에 그리렵니다

너의 정겨운 마음들
파도가 철썩이는 바닷가에서
채우고 채워도 성에 차지 않으면
바다가 보이는 가까이에
작은 통나무집 한 채 지으렵니다

어쩌다 한번쯤이라도
연둣빛의 봄 향기가 그리울 때면
내 마음의 낚싯대로
당신의 사랑 한 올씩 건져 올릴 수 있도록

바닷가 오두막집
김이 모락모락 오르는
찻잔으로 마주하는
내가 그려 넣어야 할 마지막 그림은
바로 당신입니다

겨울 수채화 2

언제부턴가
바다가 보이는 창가엔
흰 눈이 내리고
잔잔한 첼로의 선율이
나를 깨우는 아침

벽난로 옆
코끝을 스치는 진한 설록차의 향기
거실 가득히 메울 때면
수평선 저 멀리 아침 햇살도
살며시 고개 내밀고 있겠지

백사장엔
하얀 눈 소복이 쌓여가고
창가에 낀 성에 소리 없이 걷힐 때면
내가 그려가고 싶었던 삶
원고지 속의 여백들도
하나씩 채워져 가고 있으리라

사랑, 그 눈물 같은 존재

어떻게 살아왔느냐고
한 번도
지난날을 묻지 않았지만
지친 어깨 너머로 보이는 슬픈 그림자
그것은 당신의 눈물이었습니다

슬프디슬픈 속내를
가슴 깊숙이 삭이며 살아온 삶
붉게 물든 서산의 노을이
그대의 눈빛을 닮았나 봅니다

의지할 곳 없는 나를
소리 없이 찾아와
사랑으로 안고 보듬으며
웃음 전해준 사람

먼 훗날
허허로운 모습으로 늙어 갈지라도
내 모습 그대에게만은
영원한 사랑으로 남고 싶습니다

그가 나였으면 좋겠어

눈이 내리는 날
모락모락 피어오르는
설록차의 향기 코끝을 스칠 때
바다가 보이는 통나무집에도
사랑이 가득 익어가겠지

설경으로 펼쳐진
창밖 풍경들을 바라보며
함께라는 이유만으로도 행복할 것 같은
당신의 작은 어깨를 기대며
시 한 줄이라도 적을 수 있다면

저물어 가는
석양빛 황혼을 바라보며
그대가 "당신이 있었기에
외롭지 않았노라"고 이야기할 때
그가 바로 나였으면…

무심천無心川

너도 나처럼
모두 다 잊고 싶었을까
너도 나처럼
말없이 흘러만 가고 싶었을까

한번쯤은
거슬러 올라가고도 싶었던 삶
내 안의 나와 보여지는 나 사이에게
많이도 망설였던 삶

지나온 삶이 서러워서도
앞으로 살아갈 날들이 두려워서도 아닐 텐데
이제는
조용히 흘러만 가고 싶은 마음

무심천
너도 나처럼 흐르고만 싶었을까
이런저런 세상사 다 잊고
드러내 놓을 수 없는 수많은 아픔들
가슴에 담아가며
말없이 흘러만 가야 했던 너는
어쩌면 내 마음이었나 보다

이 도서의 국립중앙도서관 출판예정도서목록(CIP)은 서지정보유통지원시스템
홈페이지(http://seoji.nl.go.kr)와 국가자료공동목록시스템(http://www.nl.go.kr/kolisnet)에서
이용하실 수 있습니다. (CIP제어번호 : CIP2019038254)

내 마음의 뜨락

초판 1쇄 발행 2007년 12월 25일
개정 1쇄 발행 2019년 10월 18일

지은이 서하영

펴낸이 임병천
펴낸곳 책나무출판사
출판신고 2004년 4월 22일 (제318-00034)

주소 서울시 영등포구 신길3동 325-70 3F
전화 02-338-1228 **팩스** 0505-866-8254
홈페이지 www.booktree.info

ISBN 978-89-6339-636-1 03810